www.tredition.de

AF186417

Madame BE

Was Man(n) wissen muss

Männerbuch

*Playboy Rolf Eden und Madame BE
geben Ratschläge, wie man eine Frau
erobert, auch die eigene*

www.tredition.de

© 2015 Madame BE

Umschlaggestaltung: Madame BE, Corinna Podlech
© Bildrechte: Rolf Eden, Berlin (Privatarchiv) – Nutzung mit freundlicher Genehmigung von Rolf Eden
© Bildrechte Autorenfoto: Madame BE (Privatarchiv)
Satz, Korrektorat: Corinna Podlech, Hamburg
weitere Mitwirkende: Rolf Eden, Berlin

Verlag: tredition GmbH, Hamburg

ISBN
Paperback   ISBN 978-3-7323-2005-9
Hardcover   ISBN 978-3-7323-2006-6
e-Book   ISBN 978-3-7323-2007-3

Printed in Germany

Bibliografische Information der Deutschen Nationalbibliothek:
Die Deutsche Nationalbibliothek verzeichnet diese Publikation in der Deutschen Nationalbibliografie; detaillierte bibliografische Daten sind im Internet über http://dnb.d-nb.de abrufbar.

Was macht einen guten Mann aus? Wie soll er ausse-hen? Statur lieber groß oder klein?

Das sind doch Gedanken einer Frau. Aber wie steht es mit den stillen, geheimen Wünschen eines Mannes?

Sie muss blond sein oder rot, Hauptsache langes Haar. Oder dunkel und kurzer Pony? Minirock oder eher elegant? Große Brüste oder doch nicht?

Wenn wir die Augen schließen, ob Mann oder Frau, haben wir natürlich alle Wünsche. Vielleicht auf einer Blumenwiese Sex zu haben oder einmal verkleidet als Dienstbote? Strapse, Netzstrümpfe oder rote Des-sous? Leder, Lack oder durchsichtig?

Es ist gut, dass wir alle verschieden sind, jeder ein Uni-kat. Wir alle haben Bedürfnisse und Verlangen. Der eine stellt ganz bestimmte Ansprüche an den Partner, ein anderer vielleicht überhaupt keine. Aber von nichts kommt auch nichts, das ist klar.

Denken wir doch einmal an Bekanntschaftsanzeigen. Jede sagt etwas anderes aus, oder die Internetbekannt-schaften mit Bild. Da kann man aussortieren, genauso anhand der Formulierungen. In unserer Vorstellung machen wir uns ein Bild. Vielleicht ist die Stimme am Telefon so sexy und aufreizend, aber beim Date steht Ihnen eine fast zahnlose Person gegenüber, das kann passieren. Ein Risiko, denn eine Absicherung gibt es nicht.

Eigentlich gibt es doch alles, Schwulenclubs, Sex mit einer Prostituierten, warum nicht. Umgekehrt nimmt sich eine Frau einen Callboy. Sie informiert sich sogar im Vorfeld im Internet über sein Parfum, alles ist möglich, auch der Duft muss stimmig sein.

Was ist nur los mit den Menschen von heute, überall Singles. Jeder will unter seiner eigenen Decke pupsen. Mundgeruch am frühen Morgen, bäh, nein danke.

Aber das sind doch alles nur Ausreden, meine Damen und Herren. Die Wirklichkeit sieht doch ganz anders aus. Es gibt in der Realität genug Frauen und auch Männer, niemand muss allein sein.

Gehen Sie aus zum Tanzen oder treten Sie einem Club bei. Es gibt unzählige Möglichkeiten, Leute kennenzulernen, vorausgesetzt man bekommt den eigenen Hintern hoch.

Reisen sind auch immer gut, vielleicht mal eine Reise nach Israel oder Italien, England oder Frankreich. Es ist überall schön. Sonne hilft auch dabei, das Leben zu versüßen. Eine Reisebekanntschaft im Flugzeug oder im Café. Ein paar freundliche Worte, ein Lächeln.

Halte nicht fest an dem, was du besitzt, wenn du nach deinem Glück suchst.

Den Spruch kennen wir doch alle? *Wer nicht wagt, der nicht gewinnt*, eine kluge Weisheit.

Wenn ich die Leute beobachte, sitzen sie oft allein und beschäftigen sich mit ihren Handys. Aber gehört es nicht zum Leben, ein Gespräch zu führen, das macht das Leben doch erst lebenswert. Was ist mit der Gesellschaft los? Manche regen sich sogar auf, wenn sich zwei unentwegt unterhalten und damit die Stille des anderen stören. Um Gottes Willen, wie krank ist das eigentlich? Hoffentlich nicht ansteckend. Wie gestört ist die heutige Gesellschaft, wenn sie sich an diesen natürlichen Bedürfnissen stört? Den anderen keine Freude gönnt?

Rolf Eden sagt: Das sind meist Unbefriedigte, die keinen Sex haben. Solchen Menschen gehe ich aus dem Weg, warum soll ich mir das antun, das Genörgel anderer anhören, wo das Leben doch in Wirklichkeit so lebendig ist. Ich gehe heute Abend wieder auf eine Party und werde dort lustige und interessante Menschen treffen. Früher war jede Party geil, heute ist es noch genauso, fantastico. Also hat sich bei mir nichts geändert. Ich genieße nach wie vor und wenn ich eine schöne Dame sehe, flüstere ich ihr intime Worte ins Ohr.

Partylaune zu jeder Zeit,
ha, ha, ha, ist wunderbar,
ist doch klar,
Eden sagt hierzu immer ja.

Für mich scheint jeden Tag die Sonne, mir geht es immer gut. Ich treffe mich nur mit positiv eingestellten Menschen und wenn mal jemand in meiner Gegenwart nörgelt, dann bitte ich ihn einfach, er soll damit aufhören.

Wenn ich unterwegs Leute treffe, dann sage ich ein paar nette Worte, zum Beispiel: „Guten Morgen schöne Frau, ich wünsche Ihnen für heute viel Glück."

Mit diesem einen Satz können Sie schon Gutes bewirken. Jemandem Glück zu wünschen, ist doch ein fantastisches Geschenk. Diese Worte begleiten eine Person den ganzen Tag, vielleicht auch noch länger.

Machen Sie sich nicht so wichtig, nehmen Sie sich Zeit für andere und hören Sie gut zu, damit gewinnt die andere Person an Anerkennung, etwas sehr Wertvolles.

Benutzen Sie das Wort Dankeschön.

„Danke, dass du gekommen bist."

„Danke, dass du mir zuhörst."

„Danke für den guten Sex" oder eben für das Stück Sachertorte.

Ein Lächeln verschenken, das kostet nichts.

Eine Begegnung, eine Berührung, ein intensiver Augenkontakt, sind kostbare Momente. Immer positiv denken!

„Friedrich, es regnet!"

„Wie schön Liebste, dann musst du heute nicht die Blumen gießen."

Hören Sie das Gute, auch wenn es zuerst nicht so klingt. Jeder kann das schaffen, das kann man lernen, zum Beispiel:

Montagmorgen

Der Weg zum Zeitungskiosk. Grüßen Sie die Menschen und verschenken Sie ein Lächeln, das ist ganz einfach.

<u>Im Büro</u>

Fragen Sie nach der Familie, den Kindern, dem Auto.

<u>Im Restaurant</u>

Setzen Sie sich zu einer Person, die Ihnen gefällt.

Freundschaften sollten gepflegt werden, verabreden Sie sich zur Sauna, zum Essen oder in einem Club. Nehmen Sie eine Einladung an.

Ratschläge für jeden Mann

Liebe macht frei,
das bestätigt auch
Deutschlands Playboy Rolf Eden,
der die Frauen liebt.

Rolf Eden, perfekter Liebhaber, zeigt den Männern,
wie man eine Frau glücklich macht. Es ist ganz einfach, wenn man es weiß und hilfreich, wenn man auch
weiß wie.

Immer sexy und vergnügt,
bis Euer Rolf Eden im Sarge liegt.
Selbst dann wird es ein rauschendes Fest,
doch Rolf Eden hat bestanden,
den ewigen Liebestest.
Liebe bis zum letzten Tag,
das was er mag.
Wir müssen es einfach nur tun,
nicht bis zum Ende ruhen!
Die Liebe ist ein Lebenselixier,
ein göttlicher Trank,
ohne jeglichen Zwang,
denn Liebe macht frei.

Drei Dinge braucht der Mensch zum Glücklichsein:

1. Gutes Parfum
2. Viel Liebe
3. Amüsante Lektüre

Schön, dass Sie sich für mein Buch entschieden haben, aber bevor Sie jetzt weiterlesen, möchte ich Sie über Ihre Rechte aufklären. Nicht, dass Sie hinterher auf ein Rückgaberecht bestehen, wie es bei einem Autokauf üblich ist.

Hier geht es nicht um einen Gebrauchsgegenstand, sondern um eine Frau. Nicht, dass Sie sich am Ende beschweren und sagen, Sie hätten vorher nicht die Gebrauchsanleitung gelesen.

Wir alle kennen doch den Spruch „Schönheit liegt im Auge des Betrachters." Dieses Buch ist ausschließlich für den Herren gedacht, ein reines Männerbuch. Ja, das gibt es, denn ich habe es erfunden, könnte man so sagen. Das ewige Glück der Liebe. Ein Fahrplan für den Mann.

Und so begann alles. Eines Tages stand Madame BE, eine Dame mit großem Schlapphut, vor mir und bat mich, für die Männerwelt einen Ratgeber zu schreiben. Und Sie wissen, einer Dame kann man nichts abschlagen.

Sie erzählte, wie Frauen unter der Hilflosigkeit der Männer leiden. Sie berichtete mir von einer Studie, die sie in Eigenregie und eigener Praxis durchführte, warum Männer und Frauen als Single leben. Angst vor Berührungen haben, Stress im Alltag und das Übliche. Ich habe nicht gezögert und mich bereit erklärt, Hilfestellung zu leisten.

Ich kann von mir selbst sagen, dass ich immer ein gutes Leben geführt und immer Glück gehabt habe. Aber man muss das Glück auch annehmen können, wenn es bereit steht.

Man könnte fast sagen, dass ich das Glück erfunden habe, so kommt es mir oft vor. Ich freue mich über jeden Tag. Ich sehe das Gute und versuche dem Bösen aus dem Weg zu gehen. Die Damenwelt hat mir mein Leben versüßt und dafür bin ich ewig dankbar.

Und aus diesem Grund werde ich ein wenig aus meinem Leben plaudern und allgemeine Hilfestellung geben. Wer sie benötigt und annimmt, dem helfe ich gerne und die anderen träumen weiter. Und sicher gibt es auch noch einige Herren, die meine Ratschläge nicht benötigen. Ich richte mich ja auch nur an die Herren, die nicht wissen, wie sie eine Frau glücklich machen.

Wenn man wohlhabend ist, scheint Amore einfacher, dem stimme ich natürlich zu. Aber trotzdem kann jeder Mann eine Frau erobern und glücklich machen, das garantiere ich. Wer das will, hat wieder ein Ziel.

Wer am Ende noch mehr über meine Person erfahren möchte, kann natürlich mein Buch kaufen, mit dem Titel: Rolf Eden „Immer nur Glück gehabt" und wie ich Deutschlands bekanntester Playboy wurde.

Es gibt auch ein Parfum von mir, für die Dame und für den Herren, die Verführung pur. Ausverkauft.

Mit Liebe kann man das Leben etwas besser machen. Glück bedeutet nicht immer, dass unsere Wünsche erfüllt werden, viel wichtiger ist es, dass wir andere glücklich machen. Jeder sollte sich wertvoll fühlen, das ist sehr wichtig.

Liebe ist eine Tugend. Leidenschaft und Verlangen folgen. Leidenschaft kann aber auch Leiden bedeuten, wenn diese Leidenschaft nicht erwidert wird.

Ich hatte nie Probleme mit Frauen, denn alle Frauen sind schön und für uns gemacht. Warum gibt es sonst Frauen? Wenn ich Durst habe, dann trinke ich und wenn ich Hunger habe, dann esse ich. Genauso ist es mit der Liebe, sie hält den Körper jung und schön. Warum soll ich darauf verzichten? Ich esse und trinke doch auch. Das alles zusammen ist mein Lebenselixier.

Amore ist natürlich genauso wichtig wie z.B. Petersilie und ein frischer Apfel.

Die Ernährung spielt auch eine große Rolle im Leben.

Ich habe im Leben sehr viele Erfahrungen gemacht und kann diese gut weitergeben. Mir kommt es oft so vor, dass die Menschen vergessen oder verlernt haben, was Leben eigentlich ist.

Es ist doch alles ganz einfach, Sie müssen nur ein großes Herz haben, dann wird am Ende die Liebe siegen und Sie werden ein glücklicher Mensch sein. Geben statt nehmen.

Schenken Sie der Dame einen Ring, dann wird sie sich immer an Sie erinnern, auch wenn es nur eine Nacht war.

Sie sollten nicht zu viel denken, sondern es einfach machen. Sparen Sie nicht mit Komplimenten, wie z.B.:

- Was brauchen wir Sonnenschein, wenn Du den Raum betrittst
- Du bist eine warmherzige Frau
- Du kleidest Dich außergewöhnlich gut
- Du bist so zärtlich
- Du riechst so gut
- Deine Augen funkeln wie Diamanten
- Du bist mein Stern, der immer leuchtet
- Du bereicherst mein Leben

Und lassen Sie nur das Gute an sich heran. Wenn die Personen um Sie herum positiv eingestellt sind, ist das gut. Sind die Menschen um Sie herum glücklich, dann sind auch Sie glücklich, denn Glück kann man annehmen und weitergeben. Ich wünsche Ihnen Glück!

Mein Trick ist es, dass ich nur Gutes an mich heranlasse, denn damit geht es mir gut. Eine negativ eingestellte Person sollte sich vor den Spiegel stellen und sich selbst dabei beobachten, das macht nämlich keinen Spaß und das will niemand hören, man selbst auch nicht.

Ich stelle mich vor den Spiegel und freue mich, denn mein Spiegelbild macht mich glücklich. Ich habe überall große Spiegel, weil ich mich leiden mag. Also positiv denken!

Ihr Rolf Eden motiviert jeden!

Denken Sie immer daran, Sie sind ein Mann, ein guter Mann. Nichts kann Sie daran hindern, eine Frau glücklich zu machen, sie zu erobern.

Sind Sie bereit?

Glauben Sie an sich!

Falls Sie immer noch Zweifel haben, gebe ich Ihnen mal den Rat einer Freundin weiter. Schreiben Sie Ihren Herzenswunsch auf und legen Sie diesen unters Kopfkissen.

Wünsche sind frei

Mein Herzenswunsch

Ich möchte lieben und geliebt werden
Ich möchte verführen und verführt werden

Wie stehen Männer zu ihren Autos? Wie reagieren Sie, wenn das rote Warnblinklicht im Auto aufleuchtet? Sofort in die nächste Werkstatt, ist doch klar. Abholung erst, wenn der Sound des Motors wieder gut klingt, das ist Männern sehr wichtig.

Aber wie ist es mit dem eigenen Wohlbefinden? Da sind Männer doch meist nachlässig.

Das Auto ist wichtiger, als die eigene Gesundheit, stimmt's?

Und wie gehen Sie mit Ihrem Gefühl um, der Sehnsucht nach den Zärtlichkeiten einer Frau?

Packen Sie es jetzt an, nicht irgendwann!

Kapitelübersicht: 13 Regeln

1. Kapitel

Einen Tag Playboy sein

Männer möchten mal für einen Tag in die Rolle des Playboys Rolf Eden schlüpfen. Madame BE wird Rolf Eden für ein Tag begleiten und kann jetzt schon sagen:

Den Kopf nicht hängen lassen!
Von Kopf bis Fuß werden Sie NEU eingestellt.

Denken Sie an einen Baum mit seinen kräftigen Wurzeln. Desto tiefer sie gewachsen sind, desto standhafter ist dieser Baum. Selbst wenn der Baum befallen ist, wird ihm das nichts ausmachen. Seine Wurzeln sind stark und gesund. Genauso wie bei uns Männern, unsere Männlichkeit ist Hoheitsgebiet.

Vergleichen wir die Wurzeln eines Baumes mit unserem Ziel vor Augen. Wenn ich ein Ziel vor Augen habe, dann kann ich es auch erreichen, aber habe ich kein Ziel, was soll ich dann erreichen, Luft?

Rolf Eden erklärt den Männern, wie man eine Frau glücklich macht. Es ist ganz einfach!

Es ist wichtig, dass eine Frau erobert wird, selbst wenn es nur das eine Mal ist. Denn dann wird sie das Gefühl immer haben und ewig beibehalten, dass sie etwas Wertvolles ist.

Grund genug, diesen Ratgeber als „schnelle Hilfe" immer bei sich zu tragen!

Was ist das Lebensgeheimnis des Rolf Eden? Madame BE wird das herausbekommen und damit kann jeder Mann dieses Rezept einlösen.

13 Regeln und eine Menge an Lebenserfahrungen, heißt Edens Rezept. Jeder Mann kann, wenn er will.

Lust und Leidenschaft existiert in jedem Menschen. Gutes Parfum, richtige Kleidung und los geht's.

Und wenn das nicht klappt? Noch einmal nachlesen! Ist doch ganz einfach. Mit Schwung und Elan aktiv sein bis ins hohe Alter.

Wo ist das Problem?

Sie selbst, nur Sie allein, können ihr Problem lösen. Eine Berührung, ein guter Duft, Komplimente und vielleicht ein paar intime Worte ins Ohr geflüstert, können schon ein wunderbarer Anfang sein.

Sex ist gesund und hat keine Nebenwirkungen. Im Gegenteil, der Sex lässt sogar Schmerzen und Kummer vergessen. Sex macht gute Laune und glücklich. Manch einer kommt vielleicht sogar in einen Liebesrausch, ist das nicht etwas Wunderbares? Da singe ich doch laut „Schubidubi, lalala", alles klar? Denn jeder Tag ist ein guter Tag. Einfach fantastisch.

Aufwachen und dem Tag ein Lächeln schenken, noch besser, wenn es einer Frau gilt. Im Morgenmantel frühstücken, den Tag gestalten, Zeitung lesen, dazu gute Musik hören. Ein frisch gepresster Saft, ein Spaziergang durch den Park und der wunderschönen Natur zuhören. Die Botschaft annehmen und einfach drauflossingen. Singen ist auch gut für die Lungenfunktion. Beeinflusst das ganze Wohlbefinden, bis hin zu den Nachbarn.

Ich gehe jeden Tag meiner Arbeit nach, nicht nur als Playboy. Unterschriften – Empfänge – Fotoshootings – Dinner, Bälle, etc.

Täglich fit und mobil, mein Ziel!

Eden motiviert jeden!

Denken Sie immer daran, Sie sind ein Mann, ein guter Mann. Nichts kann Sie daran hindern, eine Frau glücklich zu machen, sie zu erobern.

2. Kapitel

Grundregeln - und was ist zu beachten?

Brauchen Sie Hilfestellung oder haben Sie einfach keine Lust? Jeder Mann kann, wenn er will.

Alle Probleme sind zu lösen! Das ist ein Ratgeber für echte Männer! Ihr Herz brennt vor Leidenschaft, denn Sie tragen das Feuer in sich.

Was ist alles zu beachten? Grundregeln in der Liebe sind wie ein Erste-Hilfe-Paket. Eine Absicherung gibt es nicht, aber sicher können wir mit unseren Ratschlägen ein wenig nachhelfen. Wenn Sie das wollen, erreichen Sie ganz bestimmt auch mehr.

- Selbstbewusstsein
- Sich einander in die Augen sehen
- Wahre Liebe siegt immer
- Eine Frau zu erobern, ist der größte Sieg
- Liebe im Alter wird viel schöner und intensiver
- Mit Amore ein ewiger Jungbrunnen bleiben, wer will das nicht
- Jede Frau muss geachtet werden, das Gefühl haben, dass sie wichtig ist
- Jeder Mensch ist wichtig
- Jede Frau ist eine Königin

- Geben können
- Alle Frauen haben Fähigkeiten und Begabungen
- Eine Frau zum Lachen bringen
- Wirklich gute Geschenke machen
- Sie zum Tanz auffordern, egal wo
- Auch deren Freundinnen Beachtung schenken
- Flirten, was das Zeug hält
- Trefft Entscheidungen, in ihrem Sinne
- Ein Mann sollte alles für die Frau tun, dass sollte sie glauben
- Gehe mit deinem Kind genauso um, es wird Größe zeigen und Früchte tragen
- Wer das einhält, ist ein Held
- Wer eine Frau traurig macht, hat sie nicht verdient
- Jede Frau braucht einen Hafen, deswegen muss man sie nicht gleich heiraten
- Der Mann sollte gut riechen
- Gepflegte Schuhe sind Ihre Visitenkarte
- Volles Portemonnaie, auch wenn das Konto leer ist
- Großzügiges Trinkgeld geben
- Keine lange Unterhose tragen
- Haltung
- Legt jeder Frau die Welt zu Füßen, auch wenn sie gerade einen Monat nur von Reis gelebt hat, sie ist es immer wert
- Höflichkeit ist immer ratsam
- Eine Frau ist wie eine Fernbedienung und reagiert

- Bringen Sie die Frau zum Schmunzeln
- In einer Bar fragen Sie die Frau, ob Sie neben ihr Platz nehmen dürfen
- Aufmerksamkeit erlangen, aber nicht, indem Sie sich selbst schönreden!
- Komplimente
- Eine Frau auf Händen tragen
- Der berühmte Handkuss
- Hören Sie ihr zu, die Frau ist in den Vordergrund zu stellen, nicht Sie!

Denken Sie immer daran, Sie sind ein Mann, ein guter Mann. Nichts kann Sie daran hindern, eine Frau glücklich zu machen, sie zu erobern.

3. Kapitel

Training Ihrer Persönlichkeit

Schauen Sie täglich in den Spiegel und sprechen Sie zu sich:

> *„Ich bin schön und ein guter Verführer*
> *Ich bin so schön und ein guter Verführer*
> *Ich bin der Schönste und der beste Verführer*
> *Wow, bin ich schön!"*

Sie brauchen überhaupt keine Angst zu haben, Frauen beißen nicht, und ein Busen ist etwas sehr Schönes. Haben Sie das vielleicht nur vergessen, oder lange keinen mehr gesehen?

Angst braucht wirklich niemand vor Brüsten zu haben. Wir alle haben schon daran gesaugt, als Baby. Viele von uns sogar eine lange Zeit, und heute ist das nicht anders. Wir saugen wieder daran und jede Frau wird erregt. Die Brustwarzen werden steif und richten sich auf, das ist gut, und ähnlich wie bei einem Mann, dessen Penis steif und fest wird, das nennt man Erregung. Aber wir müssen unterscheiden, zwischen öffentlicher Erregung und Erregung in intimer Umgebung, wir brauchen keine Zuschauer. Also zusammenreißen.

Sollten Sie überdrüssig werden und Ihnen gefällt es, wenn andere zuschauen, dann sprechen Sie mit Ihrer

Dame und überlegen Sie gemeinsam, eine entsprechende Einrichtung aufzusuchen.

Es gibt viele verschiedene Neigungen, aber das sollte man dann absprechen und gemeinsam ausprobieren, oder eben nicht.

Gerade was Bedürfnisse angeht, sind wir Menschen nicht alle gleich, das steht fest. Es gibt Lokalitäten, wie den Swingerclub, in dem man mit der Partnerin in Reizwäsche an der Bar sitzen kann, sich einfach loslöst von Vorgaben.

Ich kenne eine Menge an Damen, die es sehr mögen, dabei angesehen zu werden, wenn sie mit ihrer Reizwäsche schöne Wirkung auf die Männer verursachen, sagt Rolf Eden. Aber ich kenne auch viele Damen, die das niemals tun würden, nur zu Hause in ihren vier Wänden, intim, zu zweit.

Im Swingerclub gilt: man kann alles, aber muss nichts. Oder einfach nur an der Bar sitzen und sich am Anblick der tollen Damenwelt erfreuen. Es gibt Damen, wie auch Herren, die in Lackkleidung erscheinen, oder in hübschen, erotischen Dessous.

Jeder sollte sich wohlfühlen, auch wenn es ein weißer Anzug ist. Jeder kann, wenn er will, etwas erleben.

Auf jedem Fall gibt es dort Augenkontakt und es wird sehr viel geflirtet. Spaß muss sein. Entweder geht man mit seiner Dame dorthin und bleibt auch zusammen, man kann aber auch einen Partnertausch ausprobieren, bis hin zu großartigen Orgien.

Es gibt keine Grenzen, so könnte man es beschreiben.

Es ist ähnlich wie bei einer Tanzstunde, es gibt auch Schnupperstunden, um sich einfach mal umzusehen. Natürlich ist das nicht kostenfrei und man sollte für so einen Abend genügend Geld dabei haben. Es verkehren dort Paare, genauso Singles. Also keine Angst, einfach mal ausprobieren, wer das möchte.

Gott schuf die Frau und den Mann, es ist nicht gut, wenn man alleine lebt, sich zurückzieht. Die Natur hat das Singleleben nicht gewollt, eher die ganzen Unternehmen, die dadurch einen großen Gewinn machen. Singlezuschlag, damit meine ich nicht nur den Einzelzimmerzuschlag, genauso gibt es doch inzwischen bald alles für die Einzelperson und das Essen für die Mikrowelle, allerdings ohne Nährwert.

Vielleicht kriechen manche nur unter eine gemeinsame Decke, um Geld zu sparen. Denen empfehle ich, sich lieber einen Kater anzuschaffen, das ist billiger und der bringt garantiert eine süße Maus pro Nacht mit nach Hause.

Denken Sie immer daran, Sie sind ein Mann, ein guter Mann. Nichts kann Sie daran hindern, eine Frau glücklich zu machen, sie zu erobern.

4. Kapitel

Fit sein und erotische Ausstrahlung

Beginnen Sie, regelmäßig ins Kosmetikstudio zu gehen. Maniküre und Pediküre sind sehr wichtig.

Entweder man hat's oder man hat's nicht, denkt doch jeder. Genau das ist falsches Denken, denn jeder hat das gewisse Etwas. Sie sind der Gott unter den Liebenden, dazu gehört auch regelmäßig Sport treiben und zum Coiffeur gehen. Die Haare eines Mannes sollten immer gut liegen. Wir Männer sind doch gut im Präsentieren und Ausstrahlung hat jeder Mann, wenn er sich richtig in Szene setzt. Und Vorsicht beim Toupet, es könnte bei sportlichen Aktivitäten herunterfallen, auch da ist Qualität angesagt.

Denken wir doch einmal zurück an unsere Kindheit. Wie war das mit dem Pinkeln im Freien? Einfach an den Baum und fertig, aber unsere Schwester durfte das nicht. Mädchen durften sich nicht freizügig zeigen, warum eigentlich nicht?

Ein Mädchen bekommt von klein an vorgesagt, sich zu schämen, eine Scham zu entwickeln. Man könnte fast sagen, die Frau wird von Anfang an unterdrückt? Kleine Mädchen kreischen, wenn man die Toilettentür offen stehen lassen will. Mädchen zeigen oft Angst, man könnte ihnen etwas abgucken.

Aber es ist doch etwas Schönes, wenn später die Frau leicht bedeckt herumläuft und nicht gleich alles preisgibt, auch das kann einen Reiz hervorrufen.

In England betritt man die Sauna immer bedeckt. So hat jedes Land seine Sitten und Rituale.

Denken wir mal an die Geschichte, an unsere Vorfahren. Früher waren die Männer Jäger und heute sind sie es immer noch, nur jagen sie zum Unterschied heute meist einer Frau nach, die Beute eines Mannes. Was bezeichnet man denn heute als Waffe der Frau oder als Waffe des Mannes?

Rolf Eden kann sich noch gut erinnern, dass Brigitte Bardot eine Dame war, die jedem Mann den Kopf verdreht hat. Ihre Waffen waren sicher ihr Aussehen und ihr Charme, ihre Weiblichkeit. Für den Film war sie die Liebesgöttin schlechthin.

Ich mochte sie immer, erzählt Rolf Eden, aber die Bardot zählte zu den Damen, die man nicht einfach so abschleppen konnte. An diese schöne Frau denke ich noch heute. So gibt es auch für mich eine Ausnahme, eine Diva, die ich nicht erreichen konnte, weil ein anderer schneller war.

Trotzdem sollte man nicht aufgeben, ich tat es vielleicht zu früh, denn es gab so viele unzählige Frauen, denen ich nicht widerstehen konnte. Das ist heute aber noch genauso, denn eine ist schöner als die andere.

Es lebe die Liebe,
Amore bis zum letzten Tore,
so schwärmt Rolf Eden noch genauso,
wie er es früher immer tat.
Wer liebt das Leben?
Natürlich der Eden!

Denken Sie immer daran, Sie sind ein Mann, ein guter Mann. Nichts kann Sie daran hindern, eine Frau glücklich zu machen, sie zu erobern.

5. Kapitel

Stilberatung / Kleider machen Leute

Lange Unterhosen sind nicht modern und helfen sicher nicht beim Verführen. Jetzt ist ein Umdenken gefragt. Selbst einen Frack kann man sich ausleihen. Gute Kleidung bedeutet nicht gleich reich zu sein. Jeder kann sich gut kleiden.

Und die Hygiene ist das Wichtigste eines jeden. Sauberkeit ist das oberste Gebot und versteht sich von selbst. So oft wie möglich weiße Kleidung tragen. Die Damen werden Sie damit immer gut erkennen, vor allem am Abend, und ein weißer Anzug wirkt immer auf die Frauen.

Reden Sie nichts Schlechtes und tragen Sie nichts Dunkles. Sie möchten jünger wirken? Dann tragen Sie doch mal Jeans und blond. Blondes Haar macht jung. Sie werden sehen, Sie fühlen sich dann selbst wie ein Jungbrunnen. Sie schaffen das.

Und denken Sie nicht mehr zurück an das Singleleben. Vielleicht wollen Sie sogar eine Frau fürs Leben? Ein Traum wird wahr, alles ist möglich.

Jeder Mann hat seine Geheimwaffe, die Ausstrahlung, dazu gehört die Kleidung und unsere Männlichkeit. Männer sind keine Weicheier! Machen Sie der Männerwelt keine Schande, jeder Mann kann.

Kaufen Sie sich verführerische Kleidung, einmal anders. Trauen Sie sich! Dazu einen lässigen Schal oder ein elegantes Schaltuch.

Ich gebe allen einen Rat: *„Holt mal Eure schönen Sachen aus dem Schrank, Deutschland ist ein freies Land!"*

Denken Sie immer daran, Sie sind ein Mann, ein guter Mann. Nichts kann Sie daran hindern, eine Frau glücklich zu machen, sie zu erobern.

6. Kapitel

Leistungssteigerung

Beginnen Sie langsam und steigern Sie dann Ihr Tempo. Ein Marathonläufer ist natürlich eine Bombe im Bett. Ein Spaziergänger dagegen ist meist bequem und liegt gerne auf dem Rücken, aber Vorsicht mit Bierbauch, dann kommt man vielleicht aus der Rückenlage nicht mehr raus. Spaß muss sein, statt Bier vielleicht mal Wein.

Gesunde Ernährung steigert natürlich auch die Leistung. Aber wenn es nicht anders geht, empfehle ich die Pille für den Mann. Nicht an Herzattacke denken, sondern Attacke und los geht's mit der Potenz. Ich habe nur gute Erfahrungen damit gemacht. Fantastico.

Sprechen Sie mit Ihrem Arzt darüber, denn ich bin nur ein Mann mit eigener Erfahrung und kein Arzt.

Den Kopf nicht hängen lassen!

Ich gehe täglich in den Park und singe dort, genauso besuche ich regelmäßig ein Lokal und singe, das macht Spaß und bringt gute Laune, Partylaune.

Ich trinke frische Tees und achte sehr auf meine Ernährung. Beim Einkaufen sollten Sie auf Qualität achten, aber schmecken muss es auch. Bei Eden kommt immer etwas Frisches auf den Tisch und dann geht's los.

Party bedeutet: Feiern, tanzen, singen und dann zu einer Dame ins Bett springen und es krachen lassen. Feiern bis zum Umfallen und die Korken knallen lassen.

Gucken Sie nicht ständig auf die Uhr. Sie denken an heute Abend, um 20 Uhr gibt es Fußball? Vergessen Sie das sofort.

Aktiver Sport mit einer Frau ist angesagt und steigert damit auch Ihre Leistung. Natürlich ist es auch eine sportliche Betätigung, wenn Sie mit der Dame eine Spritztour in Ihrem Auto machen. Sex im Auto, fantastisch, das war einmal. Die heutigen Autos sind nicht immer dafür ausgerüstet. Denken Sie an Ihre Bandscheibe. Ein Hexenschuss zum Schluss würde sicher nicht so gut ankommen. Es gibt bequemere Möglichkeiten.

Denken Sie immer daran, Sie sind ein Mann, ein guter Mann. Nichts kann Sie daran hindern, eine Frau glücklich zu machen, sie zu erobern.

7. Kapitel

Motivationstraining

Jeder Mann hat eine eigene, ganz persönliche Ausstrahlung. Wir Männer machen die Frauen glücklich.
Und wer das nicht glaubt, stellt sich vor den Spiegel
und übt solange, bis das klappt.

- Ich bin schön
- Ich bin klug
- Ich bin der Beste

Zweifeln Sie nicht daran, denn dann wird auch sicher
die Dame Zweifel bekommen. Bewahren Sie immer
Haltung, zeigen Sie niemals Zweifel. Der eine oder andere betet oder guckt regelmäßig Fußball oder geht
zum Sport. Machen Sie das genauso, indem Sie eine
Regelmäßigkeit einstudieren.

Bauen Sie somit alle Zweifel langsam, geduldig, aber
sicher ab. Mama vergessen gehört auch dazu.

Sie bestimmen, wann Sie Ihre Hosen runterlassen. Sie
planen ab jetzt alles selbst. Ein Abendessen, eine ro-
mantische Kutschfahrt, einen Theaterbesuch.

Ein Mann muss das können, auch wenn bisher die
Sekretärin das für ihn erledigt hat, oder Mama. Ab jetzt
entscheiden Sie alles selbst, was Sie wollen.

Haben Sie nur noch den einen Gedanken, wie mache ich die Dame glücklich? Sie sollten Ihre eigenen Wünsche hinten anstellen. Die Dame sollte als Königin behandelt werden, alles andere ist nebensächlich geworden. Ihr regelmäßiges Fernsehprogramm existiert nicht mehr, Sie leben jetzt in der Wirklichkeit. Schalten Sie auch den Computer aus, Träume werden jetzt wahr. Fantasien werden ab jetzt ausgelebt. Sie können das.

Sie wollen eine Dame erobern und verführen. Sie sind kein Opfer, sondern ein Held, ein Mann! Zeigen Sie Ausdauer, bis Sie ohnmächtig werden.

Damen wollen ein wenig Luxus, einige davon ein wenig mehr. Sie müssen jetzt zurückstecken, damit Sie der Dame jeden Wunsch von den Augen ablesen können, denn meist sind Damen schon mit kleinen Aufmerksamkeiten zufrieden.

Aber wenn Sie einen richtigen Auftritt hinterlassen wollen mit Folgeabsichten, dann schenken Sie der Dame einen Ring und Sie haben die Dame im wahrsten Sinne um den Finger gewickelt. Sie wird dann dauernd an Sie denken müssen, weil ja der Ring an ihrem Finger steckt. Eine Verbindung besteht zwischen Ihnen beiden, die sehr schön sein kann.

Und im Nu haben Sie das Fernsehprogramm vergessen. Sie bestimmen das nächste Treffen. Ab jetzt denken Sie nur noch an das weibliche Geschlecht, das Hotel Mama haben Sie auch längst vergessen.

Wenn Sie noch zu Hause wohnen, dann zeigen Sie auch Ihrer Frau Mutter, dass Sie sich geändert haben. Machen Sie ihr klar, dass sie sich zukünftig im Hintergrund aufhält, vor allem, wenn Damenbesuch kommt, sonst drohen Sie damit, dass Sie ausziehen.

Und bitte denken Sie daran, dass Ihre Bettwäsche nicht gerade Gartenmotive hat oder Herzchen. Weiße Betttücher und weiße Bettbezüge wirken immer elegant. Was Sie vor Augen sehen, das macht leidenschaftlich scharf, und damit meine ich nicht Ihre Mutter.

Aber wenn Sie an dieser Stelle immer noch glauben, das Wohnen zu Hause bei Mama ist ein Himmelreich, dann bleiben Sie glücklich, so wie Sie sind. Dann machen Sie eben Ihrer Frau Mutter mal Komplimente, denn auch sie hat das verdient.

- Mama, das Essen ist so lecker
- Mama, ich wohne bei dir mietfrei
- Du machst meine Wäsche
- Mama, du passt auf, dass mich keine Frau verführt
- Mama, du bist die Beste

Und wenn Sie doch neugierig sind und hier weiterlesen wollen, das schadet sicher nicht, vielleicht macht es nur neugierig darauf, wie es ist, eine Frau eben doch glücklich zu machen, denn eine Frau macht so happy.

Es gibt nämlich so viele Sachen, die Ihre Frau Mutter nicht kann. Denken Sie einmal hierüber nach. Eine Dame im Bett ist fantastico!

Denken Sie immer daran, Sie sind ein Mann, ein guter Mann. Nichts kann Sie daran hindern, eine Frau glücklich zu machen, sie zu erobern.

8. Kapitel

Zielsetzung, eine Frau zu erobern

Sie sind bereits bei Punkt 8 angekommen, jetzt sind Sie bereit und haben ein genaues Zielobjekt vor Augen, nämlich eine Frau glücklich zu machen. Sie wissen wie es geht und müssen Ihr Wissen nur noch anwenden, in die Tat umsetzen.

Wo wollen Sie die Dame verführen? Jede Dame hat etwas Luxus verdient, das Ambiente sollte exklusiv und stilvoll sein. Vielleicht ein Wochenende in einem schönen Hotel? Eine Reise hat immer Wirkung auf eine Frau. Sie werden sich nicht blamieren, Sie sind ein Held im Bett und ein guter Verführer.

Seien Sie im Bett ein Mann mit nur einem Ziel. Schließen Sie die Fenster, damit Sie keinen Ärger mit den Nachbarn bekommen.

Haben Sie keine Angst vor Ihren Freunden. Sie werden sehen, Ihr Erfolg steht auf Ihrer Stirn. Ihre Freunde im Club oder im Büro werden Sie fragen und Sie können ganz locker antworten:

„Ich hatte gestern eine Frau im Bett, eine wirklich wahre Vergnügungskur, offensichtlich. Einen Orgasmus nach dem anderen, das reinste Feuerwerk, solltet Ihr auch mal probieren."

Ihre Freunde werden Sie sprachlos beneiden. Zeigen Sie keine Angst vor ihren Freunden, Sie wollen doch eine Respektsperson darstellen.

Denken Sie immer daran, Sie sind ein Mann, ein guter Mann. Nichts kann Sie daran hindern, eine Frau glücklich zu machen, sie zu erobern.

9. Kapitel

Schwächen - daraus werden Stärken

Ich habe dazugelernt und bin ein starker Typ! Alles klar, Chérie? Genau das sprechen Sie in den Spiegel und bewundern Sie sich dabei, das dürfen Sie jetzt:

> *„Ich habe dazugelernt und bin ein starker Typ!*
> *Alles klar, Chérie?*
> *Ich bin ein starker Typ!*
> *Alles klar, Chérie?*
> *Merci, Chérie. Je t'aime!"*

Etwas französisch kann niemals schaden und klingt immer gut.

Sie betreten einen Raum und die Damen sind in der Überzahl. Wie reagieren Sie? Rufen Sie nicht um Hilfe, Ihre Mutter ist nicht da. Sie allein sind jetzt gefragt.

Zeigen Sie zunächst der Damenwelt, dass Sie alle etwas Besonderes sind, egal wie sie aussehen, dann sind Sie schon ein Held.

Zeigen Sie Haltung, Kopf hoch und immer lächeln.

Stellen Sie sich ihr vor und fragen Sie, ob Sie sich dazusetzen dürfen. Bestellen Sie der Dame etwas zu trinken.

Stellen Sie sich vor, die Dame möchte wissen, wer Sie sind und was Sie beruflich machen. Bringen Sie die schöne Frau einfach zum Lachen.

Und wenn sie immer noch Hemmungen haben, stellen Sie sich die Dame nackt vor, in Reizwäsche, das hilft immer.

Jede Dame ist wie eine Fernbedienung und reagiert. Schauen Sie ihr tief in die Augen, das wird ihr gefallen. Dann ist es ihr schon egal, was Sie tun, wer Sie sind. Machen Sie ihr den Hof, Komplimente verteilen kann man erlernen und eine Frau kann nicht genug davon bekommen. Sprechen Sie etwas Französisch, das mag jede Frau hören.

Sparen Sie nicht mit Komplimenten!

- Sie haben eine wunderbare Ausstrahlung!
- Das Kleid steht Ihnen sehr gut!
- Sind wir uns schon einmal begegnet?
- Gehen Sie gerne ins Kino, Theater oder Oper?
- Darf ich Ihnen Blumen schicken?
- Darf ich Sie wiedersehen, Sie anrufen?

Stellen Sie naturlich nur eine Frage. Verunsichern Sie die Dame nicht, aber bringen Sie die Dame gezielt durcheinander, das kann nicht schaden.

Bleiben Sie an ihr dran. Verwickeln Sie die Frau in ein Gespräch. Urlaub ist immer gut, zuletzt das Essen, oder sprechen Sie über Erotik. Vielleicht mag sie das Thema.

Versuchen Sie so viel wie möglich zu erfahren, das macht es am Ende einfacher für Sie. Sie können dann mehr auf die Dame eingehen. Hören Sie genau zu, was sie sagt und zeigen Sie, dass Sie Zeit haben.

Und um Gottes Willen, nennen Sie die Dame nicht beim Namen Ihrer Exfrau.

Denken Sie immer daran, Sie sind ein Mann, ein guter Mann. Nichts kann Sie daran hindern, eine Frau glücklich zu machen, sie zu erobern.

10. Kapitel

Selbstwertgefühl steigern, happy sein

So stellen Sie sich jeden Morgen vor den Spiegel, zwinkern sich zu und sprechen hinein:

> *„Hurra, ich glaube wieder an mich,*
> *ich bin toll und sehe gut aus."*

Machen Sie einen Bootsführerschein, das ist sehr einfach und gar nicht mal teuer. Jeder Dame gefällt das, ein Kapitän am Steuer. Wie steht es mit einer zweiten Fremdsprache? Das kann man sogar in der eigenen Wohnung lernen oder unterwegs. Lernen erweitert den Horizont.

Denken Sie immer daran, falls Sie Streit mit der Partnerin haben, oder mit den Vorgesetzten, dann bedeutet das doch meistens einen Mangel an Anerkennung, Wertigkeit und Achtung.

Aber zuerst muss ich mich selbst respektieren und achten. Ich schaue in den Spiegel und liebe mich selbst, das ist wichtig, so kann ich auch den anderen meine Liebe schenken, nur so geht das. Selbstachtung ist sehr wichtig im Leben, das kann man erlernen, wie alles andere auch.

Wenn Sie einer Person wiederbegegnen, auch wenn die erste Begegnung vielleicht schon Jahre zurückliegt, sprechen Sie diese Person mit dem Namen an. Sie werden sehen, die Augen leuchten vor Freude.

Kritisieren Sie nicht, verurteilen Sie nicht und beschweren Sie sich niemals, kein Mensch will das hören. Loben Sie Ihr Gegenüber stattdessen, Sie werden sehen, das macht Spaß und Sie fühlen sich richtig gut.

Es gibt einen Führerschein für das Auto, eine Hundeschule, aber wie man mit einer Frau umgeht, das ist nicht vorgeschrieben. Dieser Knopf des Wunderwerkes steckt aber in uns drin, wird meist nur vergessen.

Und bitte denken Sie alle daran, Steifheit ist Blödheit. Seien Sie locker, auch wenn Sie mit einer Freundin telefonieren. „Tschau Baby, Darling oder Schätzchen", klingt doch besser als „Auf Wiederhören".

Wenn Sie einen Besuch planen, sprechen Sie um Gottes Willen nicht über Sparangebote. Sparen können Sie zu Hause, aber auf keinen Fall wenn Sie mit einer Frau ausgehen! Vielleicht lebt die Dame gerade auf Sparflamme. Dann ist es sicher das Letzte, was sie von Ihnen hören will. Denn eine Dame spricht nie darüber. Denken Sie an Sex und nicht an Ihr Sparschwein.

Und schreiben Sie auf gar keinem Fall am Ende eines Liebesbriefes „mfg".

Denken Sie immer daran, Sie müssen locker sein. Sie sind etwas ganz Besonderes. Sie sind ein Held, von Kopf bis Fuß auf Liebe eingestellt.

Denken Sie immer daran, Sie sind ein Mann, ein guter Mann. Nichts kann Sie daran hindern, eine Frau glücklich zu machen, sie zu erobern.

11. Kapitel

Es geht um Ihren Auftritt

„Ich will es krachen lassen! Ich bin ein Mann!"

So stehen Sie heute Morgen vor dem Spiegel. Und dann machen Sie das Leben zu einer ewigen Liebesgeschichte.

Machen Sie der Dame klar, wie schön ein Striptease sein kann, machen Sie einfach mit, damit lösen Sie sämtliche Blockaden. Nackte Haut ist etwas Schönes. Der Anblick erzeugt einen Reiz. Vielleicht etwas Musik dazu.

Und um Himmels Willen, trennen Sie sich von Ihren Stofftieren.

Haben Sie einen übertriebenen Ordnungssinn? Dann treffen Sie sich lieber bei der Dame zu Hause.

Sie möchten Ihre Dame nackt sehen, dann sollten auch Sie bereit dazu sein und möglichst selbst auch etwas Interessantes vorweisen. Bei der Kleidung fängt es an, auch die Unterwäsche sollte wichtig sein. Kaufen Sie sich etwas Männliches.

Sex ist ein Hochgenuss und eine Gaudi im Bett. Immer noch Angst? Wovor? Denken Sie doch einfach an

Ihre Schulzeit zurück, jeden Tag hat man Neues dazugelernt, genauso ist es im Bett.

Vergessen Sie Ihre Arbeit! Vergessen Sie Ihren Chef!
Liebe macht frei, es gibt keine Regeln und keine Vor-
gesetzten. Die Dame ist eine Königin und Sie sind ihr
König. Sie allein machen Ihre Dame zur Königin.

Bringen Sie ihr Frühstück ans Bett, auch wenn es krü-
melt.

Das Betttuch sollte nicht zu rutschig sein, sonst enden
Sie als Spaßvogel, das wollen Sie nicht.

Warum sind Sie immer noch ein Angsthase? Angst vor
einem Penisbruch? Das Risiko ist genauso hoch, als
wenn Sie die Straße überqueren und sich dabei ein
Bein brechen. Wie oft kommt das vor? Zeigen Sie
keine Angst, auch nicht, wenn Ihr Glied anschwillt, ist
doch besser, als eine Schwellung am Hals.

Und zeigen Sie Ihre Männlichkeit offen, das ist gut
und macht auch der Dame Freude. Lassen Sie es zu,
das ist Ihr Auftritt.

Sinnlichkeit spüren, lassen Sie eine Erotikmassage zu,
Lust verschaffen, dabei sinnlich sein. Sie werden alles
andere vergessen und völlig abschalten. Sie werden es
erleben, Liebe macht frei. Sie werden Ihre Liebe und
Leidenschaft ausleben.

Jeden Traum können Sie ausleben, wenn die Partnerin
das auch will. Sex ist gesund. Alles ausprobieren, Berührungen lösen sämtliche Blockaden. Gefühle zulas-
sen. Mit dem Körper, mit dem Herzen dabei sein.

Dann ist es wie ein Drei-Gänge-Menü: Vorspeise, Hauptspeise und Nachspeise.

Erotik kann auch süchtig machen. Nicht sofort nach Amore aufstehen und das Bier suchen. Das Kuscheln hinterher ist für die Frau besonders schön.

Berühren und spüren, so einfach ist das. Erotik erhöht die Lebensqualität. Es ist wichtig, dass die Frau zum Höhepunkt kommt, warten Sie ab. Und wenn das gelingt, denken Sie nicht, es ist vorbei. Nein, das kann Stunden so weitergehen. Das ist völlig normal, wenn Sie ein guter Liebhaber sind, eben ein Genießer. Pausen sind erlaubt.

Bitte denken Sie daran, es spielt sich alles im Kopf ab. Bei Versagen nehmen Sie Potenzmittel, diese könnten schwerwiegende Nebenwirkungen haben, so der Beipackzettel. Aber ich sage Ihnen, Nebenwirkungen sind hervorragend genial. Ich verzichte doch nicht auf Amore, wenn mein Lümmel mal nicht kann. Eden kann immer!

Fragen Sie Ihren Arzt oder Apotheker. Eden ist ein Mann und kein Arzt. Meine Ratschläge kommen nur aus meinen eigenen Erfahrungen.

Mein Rezept: Sei immer nett, auch im Bett!

Denken Sie immer daran, Sie sind ein Mann, ein guter Mann. Nichts kann Sie daran hindern, eine Frau glücklich zu machen, sie zu erobern.

12. Kapitel

Besuch in einem Lokal / Bar

Sie haben es geschafft, meinen Glückwunsch! Sie möchten jetzt eine Dame kennenlernen! Attacke und los geht's. Auf was warten Sie noch?

Zuerst sollten Sie gut riechen.

Kommen Sie auf keinem Fall in Arbeitskleidung. Stellen Sie sich eine Dame vor, die in einem Hausanzug und Turnschuhen die Bar betritt und eine weitere in einem engen Kleid und einem schönen Dekolleté. Welche würde Ihnen besser gefallen? Ist doch klar, also ziehen Sie auch etwas Schönes an, vielleicht mal eine Jeans und ein Hemd mit Krawatte oder lässig. Sie wollen jetzt Aufmerksamkeit erregen.

Gepflegte Schuhe sind die Visitenkarte eines jeden Herren und gutes Parfum.

Fragen Sie zuerst die Dame, ob Sie neben ihr Platz nehmen dürfen.

Vielleicht ist es auch eine Begegnung auf einem Ball. Kleider machen Leute, selbst einen Frack kann man sich ausleihen.

Wenn die Dame hereinkommt, stehen Sie immer auf und rücken Sie ihr den Stuhl zurück. Halten Sie ihr immer die Tür auf.

Beim eigenen Automobil ist das besonders ratsam, denn Frauen sind oft temperamentvoll und schlagen die Tür heftig zu oder reißen sie weit auf und kratzen das Auto nebenan. Also ist das Tür aufhalten doch schon mal lobenswert, denn in erster Linie denken Sie nämlich an ihr geliebtes Auto.

Reden Sie über Sex, versuchen Sie es mal, auch wenn Sie Sex im Moment nicht ausüben. Wenn die Dame das nicht will, wird sie Ihnen das schon mitteilen. Dann hilft nur ein Themenwechsel.

Ist die Dame hässlich, dann dürfen Sie auch viel trinken. Wirkt die Dame attraktiv, bestellen Sie Champagner und frische Erdbeeren dazu. Ein Schuss Wodka im Champagner kann natürlich auch nicht schaden. Einfach ausprobieren, jede Dame reagiert anders auf ein Tröpfchen Alkohol. Manche brauchen vielleicht mehr.

Stellen Sie der Dame Fragen, zum Beispiel: „Was macht Ihr Mann beruflich?"

Das ist ein guter Trick, um herauszubekommen, ob die Dame verheiratet oder frei ist und leichter zu haben.

Oder: „Können Sie mir einen Ratschlag geben, was denken Sie über Erotik?"

Wenn die Antwort lautet: „Nein, tut mir leid", stellen Sie eine neue Frage: „Wie jung sind Sie?"

Machen Sie die Dame 20 Jahre jünger und sie wird sich darüber freuen.

- Essen Sie gerne Pralinen?
- Was ist Ihr Lieblingsgetränk?
- Welche Rosenfarbe mögen Sie?
- Mögen Sie die Oper?
- Wohin gehen Sie zum Tanzen?
- Mögen Sie Frankreich oder lieber Italien?

Sie denken an Urlaub. An billig buchen, an sparen und an drei Mahlzeiten, alles inklusive, wie toll. Genau das sagen Sie nicht. Vergessen Sie diese Art von Schnäppchen, jetzt schnappen Sie sich eine Frau zum Verwöhnen! Alles klar?

Denken Sie immer daran, Sie sind ein Mann, ein guter Mann. Nichts kann Sie daran hindern, eine Frau glücklich zu machen, sie zu erobern.

13. Kapitel

Liebe macht frei und reinigt die Seele

Ich gratuliere zu Ihrem Auftritt! Seien Sie jetzt zufrieden, Sie haben alles gut gemacht!

Denken Sie jetzt an Amore, wie Sie die Frau ins Bett bekommen. Ihr Auftritt! Sex statt Lifting, denn Liebe macht die Adern frei und verjüngt. Spätestens morgen früh wird es Ihnen jeder ansehen und Sie bekommen Fragen gestellt, wie z. B.: „Hast du abgenommen, warst du im Urlaub, hast du dich liften lassen? Bitte, lass mir die Adresse zukommen ..."

Verwöhnen und bewundern Sie Ihre Dame.

Frauen mögen es, wenn man sie fotografiert, aber Sie müssen auch wissen, wann es genug ist.

Reden Sie nicht zu viel im Bett, gehen Sie auf die Dame ein.

Liegen Sie auch mal nackt am Strand, ein freies Gefühl.

Küssen macht Spaß und süchtig, ähnlich wie bei Schokolade, man will immer mehr. Der Körper beginnt Gefühle weiterzuleiten.

Machen Sie Komplimente über den schönen Busen. Spaßhaben im Bett ist doch ein Hauptgewinn. Sie sind ein Glückspilz und sind zu beneiden. Fantastico.

Wenn Sie in Ihre Wohnung gehen, denken Sie an das Betttuch. Es sollte nicht rau sein, aber auch nicht zu glatt, er oder sie könnte wegrutschen. Das würde eine Frau sicherlich nicht vergessen, aber Sie dafür umso schneller.

Liebe kommt nicht von allein, man muss auch etwas dafür tun. Wenn Sie ein Öl zum Massieren bereitstehen haben, haben Sie bereits verloren. Die Dame wird denken, Sie machen das ständig mit anderen Frauen. Vielleicht noch eine große Vorratsflasche aus dem Angebot, auf keinen Fall. Sie müssen jetzt umdenken, und rechnen gehört sicher nicht dazu. Gehen Sie zusammen ein Massageöl kaufen, der Geruch ist bestimmend.

Seien Sie großzügig und spendabel. Das mögen alle Damen.

Schenken Sie Ihrer Liebsten einen Ring und Ihr Image steigt garantiert, auch wenn Ihr Konto dafür in die Tiefe sinkt. Die Dame wird täglich damit an Sie erinnert, eine kluge Form der Bindung.

Zeigen Sie der Frau, was Sie mögen, vielleicht braucht die Dame eine kleine Anleitung. Nehmen Sie den Steuerknüppel in die Hand und zeigen Sie ihr, wo es langgeht.

Im Bett ist alles erlaubt, da gibt es keine Regeln, keine Vorgesetzten, keine Hemmungen. Ein bisschen Fantasie und Sie sind ein Genie.

Es gibt viele Gründe, Frauen zu lieben:

- Frauen befriedigen uns
- Frauen riechen so gut
- Mit einer Frau angeben zeigt mehr Wirkung als mit einem Porsche
- Liebe und Sex sind sehr gesund
- Jede Frau ist eine Liebesgöttin
- Eine Frau gehört zur Lebensgrundausstattung

Wenn Sie alle Grundregeln beachten, dann erleiden Sie keine Niederlage. Allerdings, wenn Sie eine fast eroberte Dame weggehen lassen, dann beißen Sie sich selber in den Schwanz, im wahrsten Sinne. Das darf Ihnen nicht passieren.

Denken Sie immer daran, Sie sind ein Mann, ein guter Mann. Nichts kann Sie daran hindern, eine Frau glücklich zu machen, sie zu erobern.

Sie haben den Test nicht bestanden? Sie glauben sicher, Sie sind ein Versager. Naja, loben kann ich Sie jetzt nicht, aber geben Sie die Hoffnung niemals auf. Im schlimmsten Fall suchen Sie Kontakt zu der Autorin persönlich und bitten um Hilfe.

Und wenn nicht, dann suchen Sie sich ein Hobby, bei dem Frauen nicht vorkommen. Briefmarken sammeln oder Schachspielen, dabei müssen Sie nicht mal reden.

ENDE

Wir hoffen, mit unserem kleinen Ratgeber hatten Sie ein wenig Spaß und wir konnten vielleicht dem einen oder anderen zur Liebe verhelfen.

Schreiben Sie doch mal Ihre Geschichte auf, wie Sie Ihren Partner kennengelernt haben, vielleicht verwenden wir Ihre Story für ein nächstes Buch.

Madame BE & Rolf Eden

wünschen Ihnen das ewige Glück!

Kritiken im Original (Auszug aus 76 Kommentaren)

Dagmar K. aus Bayern

Beklagt sich, dass ihr Ehemann Paul, seit er die Ratschläge gelesen hat, jeden Dienstagabend wegbleibt.

Herr Karl aus dem Altenheim Heilbronn

Bedankt sich. Er ist 94 Jahre und hat die Hoffnung nicht aufgegeben, denn seit er dieses Büchlein gelesen hat, geht er einmal wöchentlich zum Tanztee.

Elisabeth aus Hannover

Lieber Rolf Eden, wie kann ich Kontakt zu Ihnen bekommen?

Till aus Berlin

Habe meinem Vater eure Ratschläge zum 60. Geburtstag geschenkt. Er blüht wieder auf und neuerdings gibt es in jedem Zimmer einen Spiegel.

Birte aus Frankfurt

Ich bin 88 Jahre und mein Nachbar hat mich endlich angesprochen. Wir sind jetzt dank Ihrer Ratschläge ein Paar. Manche Männer brauchen eben doch eine Gebrauchsanweisung.

Simone aus Dresden

Hey super Rolf, wo können wir uns treffen?

Frau B. aus Bonn

Pfui, igitt, wie kann man über Gefühle so offen schreiben. Ihre Ratschläge für jeden Mann müsste verboten werden mit einer Ordnungsstrafe! Ich habe nur zufällig darin gelesen. Meine Putzfrau ließ das Buch auf dem Küchentisch liegen.

Lisa S. aus Essen (34 Jahre und 3 Kinder)

Hurra, endlich mal ein richtiger Fahrplan mit Vorgabe für den Mann. Vielleicht liest mein Ehemann den auch mal, wer weiß? Ich gebe die Hoffnung nicht auf. Einen sexy Körper habe ich immer noch.

Fridolin K. (Schweiz)

Grüezi, meine Freundin aus Heidelberg hat mir Ihr Buch geschenkt und sehr viele Anregungen mit einem roten Stift unterstrichen. Soll ich es noch einmal wagen? Freue mich über eine Antwort per E-Mail-Kontakt. Aber bitte geben Sie meine Adresse nicht weiter. Hochachtungsvoll
Fridolin K.

Roland 28 J. (Fitnesstrainer in Hannover)

He, klasse. Macht viel Spaß euer Ratgeber. Ich probiere mal einiges davon aus. Vielleicht finde ich auf dem Weg eine neue Freundin, die nicht so zickig ist.

Sebastian E. aus Schleswig Holstein

Hallo Madame BE
Sind Sie noch zu haben? Darf ich Sie mal zum Essen einladen? Freue mich über eine positive Antwort. Bin 66 Jahre, habe die Geschäftsführung unseres Familien-Unternehmens an meinen Sohn weitergegeben. Lebe im Sommer auf Mallorca und verfüge über viel Zeit.

Lilly aus Brandenburg

Wann gibt's mal eine Lesung bei uns? Und schreib doch mal einen Ratgeber für die Frau ab 30.

Sebastian, 14 Jahre, Internatsschüler

Mein Papa ist verliebt und traut sich nicht. Könnt ihr ihm ein Buch nach Hause schicken? Wenn er wieder glücklich ist, vielleicht kann ich dann auch wieder nach Hause zu meinen Freuden. Wenn es Papa gut geht, dann geht es mir und meinen Großeltern auch wieder gut. Soll ich euch das Geld für das Buch in einen Umschlag stecken?
Dankeschön!

Else aus Celle

Wie lerne ich einen Mann kennen? Es fährt ein großer Schlitten an dir vorbei, du träumst. Aber in Wirklichkeit siehst du den Fahrer an, der in seiner Nase bohrt, somit vergisst du das Auto wieder. Wer hat nun mehr Eindruck auf dich gemacht? Natürlich das große Auto.

Du schüttelst den Kopf und lachst und in diesem Moment zieht dir ein männlicher Duft in die Nase, du drehst dich wieder um und atmest tief ein. Ein freundlicher Herr steht neben dir, der ein so gut riechendes Parfum trägt. Der Herr selber lächelt dich an und zeigt zugleich einen fast zahnlosen geöffneten Mund, wie schade. Der Duft seines Parfums bleibt noch ein Weilchen. So ist es mit den lieblichen Momenten und den echten Tatsachen.

Könnt ihr nicht mal einen Ratgeber für Frauen schreiben? Ich bin so einsam.

Tante Paulas Rat

Männer, strengt Euch mal an, denn Amore ist so schön!

Frauke aus Oldenburg

Mein Horst ist ein hübscher Mann. Ein schöner Kopf, eben ein Hohlkopf! Wird euer Ratgeber einen besseren Menschen aus ihm machen? Jetzt liegt er nackt auf dem Balkon, aber Sex hatten wir schon 1 Jahr nicht.

Trudi

Rolf bleibt immer die No. 1 in meinem Leben. Erinnerst Du Dich? Liebe im Wassertaxi. Ich danke Dir für die schönen Stunden. 3 Tage Sex und Champagner, unvergesslich!

(Separazione Portofino 1978)

in grande amore Trudi

Peter aus Berlin

Hallo Rolf Eden, bist du Gott? Was um Himmels Willen hast du, dass dich die Frauen alle lieben?

Gabriele S. aus Esens (Ostfriesland)

Hallo Rolf Eden
Mein Freund erzählt überall herum, wie wir es tun. Was kann ich dagegen machen?

Elli

Hallo schöner Rolf!
Ich bin eine Sexbombe im Bett.
Ruf mich zu jeder Zeit an.
(Telefonnummer nicht weitergeben)

Für eigene Notizen

Rauchen, Essen, Trinken
Alles ist gut, wenn man es in Maßen tut

Sport ist nur wichtig im Bett

Das Schönste im Leben ist Amore

Sich in Frauen verlieben, nicht besitzen wollen
Nur dann wird wahre Liebe daraus

Und bitte tragen Sie die Reise- oder Einkaufstasche
der Frau, das gehört sich für einen Gentleman

Rolf Eden weiß das Leben zu genießen
Und mit Champus zu begießen
Trägt jede Dame auf Händen
Er weiß immer den Abend schön zu beenden

Rolf Eden

wurde 1930 in Berlin geboren. Mit 3 Jahren wanderte er zusammen mit seinen Eltern nach Palästina aus. Im Alter von 27 Jahren kehrte er zurück nach Berlin, wo er heute noch als erfolgreicher Geschäftsmann wohnt und von sich sagen kann, dass er Berlin in sein Herz geschlossen hat. Mit 27 Jahren eröffnete er seinen ersten Jazzclub. Eden sorgte immer für neue Attraktionen, vom Old Eden Salon bis hin zum Varieté. Eden hatte sein eigenes Paradies geschaffen. Er ist als Schauspieler bekannt, genauso als Musiker und natürlich als Deutschlands bekanntester Playboy.

Rolf Eden ist ein Unikat, wie es in seinem Buche steht. Ein Mann, der nichts Schlechtes sagen kann. Immer positiv eingestellt. Man könnte sagen, wer Rolf Eden kennt, oder seine Bücher liest, fühlt sich besser.

Auch seiner Automarke Rolls-Royce ist er immer treu geblieben, genauso hält er es mit der Liebe zu den schönen Damen. Rolf Eden trägt blond und hat immer gute Laune.

Sein Motto: Liebe macht frei

Er hat in über 30 Filmen mitgespielt und wurde 2012 auf der Berlinale mit „The Big Eden" für den Deutschen Filmpreis nominiert.

Eden sorgte früher genauso wie heute für große Schlagzeilen und er lässt sich dafür immer wieder etwas Neues einfallen, einfach fantastico!

Buchtipps:

Rolf Eden mit Peter Dörfler
Immer nur Glück gehabt.
Wie ich Deutschlands bekanntester Playboy wurde
Verlag: Bastei Lübbe, ISBN: 978-3785724576

Brigitte Bardot
Ein Ruf aus der Stille
Bestseller aus Frankreich
(französische Originalausgabe by: Editions du Rocher,
Monaco, ISBN: 978-2268047256)
Verlag: Langen Müller, ISBN: 978-3784429465

Udo Walz
Mein Berlin
Verlag Knesebeck, ISBN 978-3896604194
Ein super Buchtipp – Vier Tage mit Udo Walz Hand
in Hand durch Berlin

Birgit Herwig
„Ein Klavierkonzert mit Folgen" Amore
LIEBE MACHT FREI
Das bestätigt auch Deutschlands Playboy Rolf Eden,
der die Frauen liebt
Verlag: tredition Hamburg
ISBN: 978-3-8495-7808-4 (auch als E-Book erhältlich)

DVD
The Big Eden
Nominiert für den Deutschen Filmpreis 2012 in Berlin in der Kategorie: Bester Dokumentarfilm
Ein Film von Peter Dörfler – Regisseur und Kameramann
Aus dem Leben von Rolf Eden
Auch ein Riesenerfolg auf dem Filmfestival Cannes, Frankreich 2013

Madame BE wurde als Frühlingskind in Hannover geboren. Sie führte dort bis 2011 eine Praxis für Vitalität und Lebensberatung. Seit 2012 lebt die Autorin in Hamburg. Ihre Liebe gehört der Grafschaft Cornwall im Südwesten Englands.

Homepage unter www.birgit-herwig.de

2010 erschien ihr erstes Buch:
„Ratgeber aus der Naturheilkunde für Jedermann"
Iris Kater Verlag & Medien GmbH
Viersen – Frankfurt – Tokio
ISBN: 978-3940063328

2013 erschien ihr zweites Buch:
„Literarische Ausfahrt" Einsteigen, mitfahren und lesen!
Verlag: tredition Hamburg
ISBN: 978-3849503710 (auch als E-Book erhältlich)

2014 erschien ihr drittes Buch:
„Ein Klavierkonzert mit Folgen" Amore
Verlag: tredition Hamburg
ISBN: 978-3-8495-7808-4 (auch als E-Book erhältlich)

Alle Bücher wurden auf der Frankfurter Buchmesse vorgestellt.

Zeitfracht Medien GmbH
Ferdinand-Jühlke-Straße 7
99095 Erfurt, Deutschland
produktsicherheit@kolibri360.de